Die Besen des **Kleinkehrfahrzeugs** wirbeln Schmutz und Laub auf. Ein großer Schlauch saugt alles in den Kehrbehälter – und schon ist die Straße sauber.

Damit die Müllleute nicht bei jedem Stopp aus- und wieder einsteigen müssen, können sie auf Trittbrettern draußen am Fahrzeug mitfahren.

Wann kommt die Feuerwehr?

Es brennt! Die Feuerwehr kommt mit Blaulicht und Sirene zum Löschen. Im Löschgruppenfahrzeug haben nicht nur die Feuerwehrleute Platz, sondern auch eine Menge Werkzeuge und Geräte.

Die Drehleiter des **Drehleiterwagens** besteht aus vielen kleinen Leitern, die ineinandergeschoben sind. Ausgefahren reicht sie bis hoch oben in die Baumwipfel.

Das Löschwasser kommt aus einem Hydranten. Von dort fließt es zur Pumpe im Fahrzeug und schießt dann durch den Schlauch aufs Feuer.

Wer hilft in der Not?

„Tatütata!", tönt es durch die Straßen, wenn ein Unfall passiert ist. Denn jetzt muss schnell die Polizei helfen. Die Polizisten sperren die Straßen ab, damit alle sicher sind. Eine Polizistin ist mit dem Motorrad zum Einsatz gekommen.

Auch ein Rettungswagen ist am Unfallort. Verletzte, die nicht laufen können, werden auf der Trage in den Wagen geschoben. Dann bringt der Rettungswagen sie auf dem schnellsten Weg ins Krankenhaus.

Ein Rettungswagen hat Medikamente, Verbandszeug und wichtige Geräte an Bord – und zwei Rettungssanitäter.

Wie stark ist ein Kran?

Wenn ein Haus gebaut wird, helfen viele starke Baustellenfahrzeuge mit. Der **Löffelbagger** gräbt die Grube für den Keller. Ein **Kipplaster** transportiert Erde oder Sand. Weißt du, warum der Kipplaster so heißt? Zum Ausladen kippt er seine Ladefläche, öffnet die Klappe und – schwupp – rutscht seine Ladung einfach herunter.

Der große **Baukran** kann
schwere Paletten oder ganze
Betonwände so leicht nach oben
heben, als wären es Legosteine.

Beim Hausbau wird Beton
gebraucht. Der Betonmischer
dreht sich, damit der Beton
flüssig bleibt und für die
Arbeiten auf der Baustelle
benutzt werden kann.

Wer transportiert was?

Lkw bringen ganz verschiedene Dinge von einem Ort zum anderen. Tanklaster transportieren zum Beispiel Milch, Benzin oder andere Flüssigkeiten.

Um Autos zu transportieren, etwa von der Fabrik zum Autohändler, gibt es Autotransporter. Auf ihnen haben viele kleinere Fahrzeuge Platz.

Vieles wird in Containern transportiert, zum Beispiel Kleidung, Bücher oder Lebensmittel. Container sind praktisch: Sie können vom Lkw abgenommen und auf Schiffe verladen werden. Und nach seiner Schiffsreise kann der Container am anderen Ende der Welt einfach auf einen neuen Lkw gesetzt werden.

Was kann ein Mähdrescher?

Der Mähdrescher ist eine richtige Wundermaschine. Erst schneidet er die Halme von Weizen, Roggen oder anderem Getreide ab. Dann schüttelt er die Körner heraus und befördert sie auf einen Anhänger. Die Körner werden später zur Mühle gebracht und zu Mehl gemahlen. Die leeren Getreidehalme bleiben auf dem Feld liegen.

Die **Ballenpresse** presst die leeren
Getreidehalme zu dicken Ballen.
Dieses Stroh bekommen die
Tiere im Stall als Unterlage.

Der Traktor ist das wichtigste
Fahrzeug auf dem Bauernhof. An
den Traktor können verschiedene
Maschinen für die Feldarbeit
gehängt werden – oder einfach
ein Anhänger.

Welche Fahrzeuge fahren auf Schienen?

Fahrzeuge auf Schienen fahren meist mit Strom und sind darum besser für die Umwelt als viele andere Fahrzeuge. Und weil der Zug nicht im Stau steht, gelangst du mit ihm oft besser ans Ziel als mit dem Auto. Der ICE ist der schnellste Zug in Deutschland.

In manchen Städten gibt es **Straßenbahnen**.
Sie brauchen beim Bremsen lange, um zum
Stehen zu kommen. Deshalb musst du gut
aufpassen, wenn du die Schienen
überquerst.

Die **U-Bahn** fährt große Strecken unter der Erde. Ihre Schienen
führen einfach unter der Straße oder unter Flüssen hindurch.

Wer ist noch unterwegs?

Auch diese Fahrzeuge bringen dich von einem Ort zum anderen – und zwar in der Luft oder auf dem Wasser.

Reisen in weit entfernte Länder gehen mit dem **Flugzeug** am schnellsten.

Hubschrauber können auch auf kleinen Flächen landen. Rettungshubschrauber helfen sogar dort, wo es keine Straßen gibt.

Wenn der Wind weht, fährt das
Segelboot fast von allein. Ein Segler
oder eine Seglerin muss natürlich wissen,
wie man das Segel bewegt.

Fähren bringen Menschen und Autos von einem
Ufer ans andere. Große Fähren können sogar Lkw
übers Meer transportieren.

Mit welchen Fahrzeugen können Kinder fahren?

In vielen Fahrzeugen haben Kinder besondere Plätze oder eigene Sitze. Und natürlich gibt es auch Fahrzeuge, mit denen Kinder ganz allein unterwegs sein können. Gute Fahrt!

So viele Fahrzeuge! Bist du auch schon mal mit einem von ihnen gefahren? Und hast du ein Lieblingsfahrzeug?